El hombre sin cabeza

El hombre sin cabeza

*La vida y las ideas de Douglas Harding.
Filósofo, científico, artista, místico.*

Guión
Richard Lang

Ilustración
Victor Lunn-Rockliffe

Traducción
Diego Merino Sancho

THE SHOLLOND TRUST

EL HOMBRE SIN CABEZA
Publicado en 2017 por The Shollond Trust.
The Shollond Trust es una fundación sin ánimo de lucro
de Reino Unido registrada con el N° 1059551

© Richard Lang y Victor Lunn-Rockliffe, 2017

Traducción: Diego Merino Sancho
diegomerinotraducciones.com

Diseño de portada: rangsgraphics.com

Ninguna parte de este libro podrá ser reproducida o utilizada de ninguna forma ni por ningún medio, ya sea electrónico o mecánico, sin el previo permiso por escrito de los editores.

The Shollond Trust, 87B Cazenove Road, London N16 6BB.
www.headless.org

ISBN: 978-1-908774-25-5

*El mejor día de mi vida
—el día que volví a nacer, por así decirlo—
fue el día que descubrí que no tenía cabeza.*

Douglas Harding

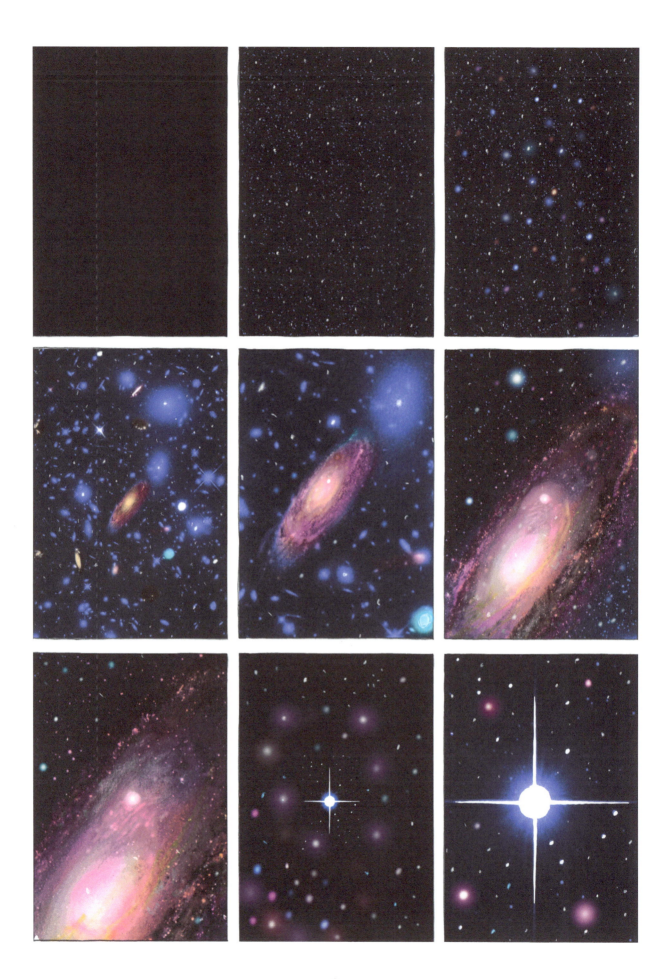

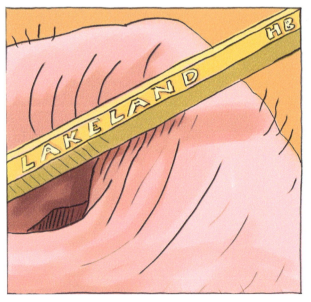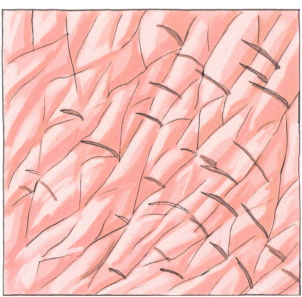

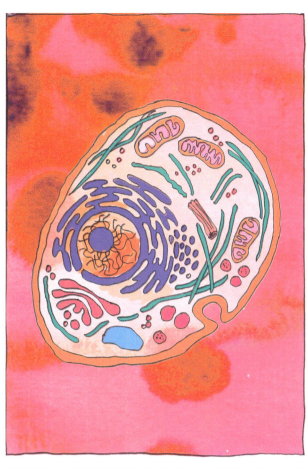
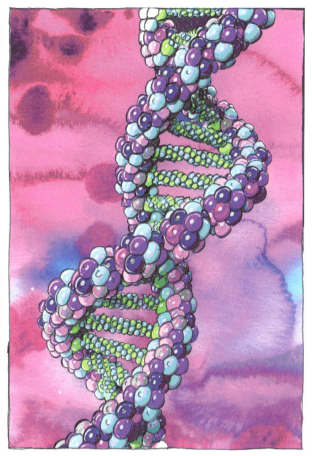
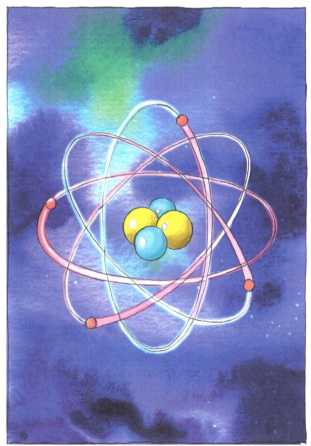
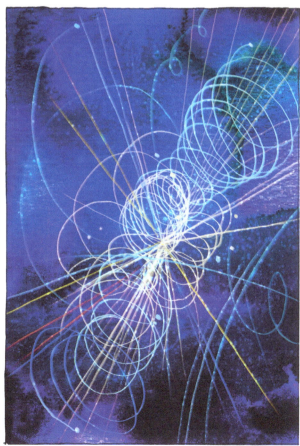

Douglas Harding nació el 12 de febrero de 1909 en Lowestoft, Suffolk, en la costa este de Inglaterra, frente al Mar del Norte.

Lowestoft es la localidad más oriental de Inglaterra.

Era un pueblo típicamente victoriano que vivía tanto de la pesca como de los turistas veraniegos.

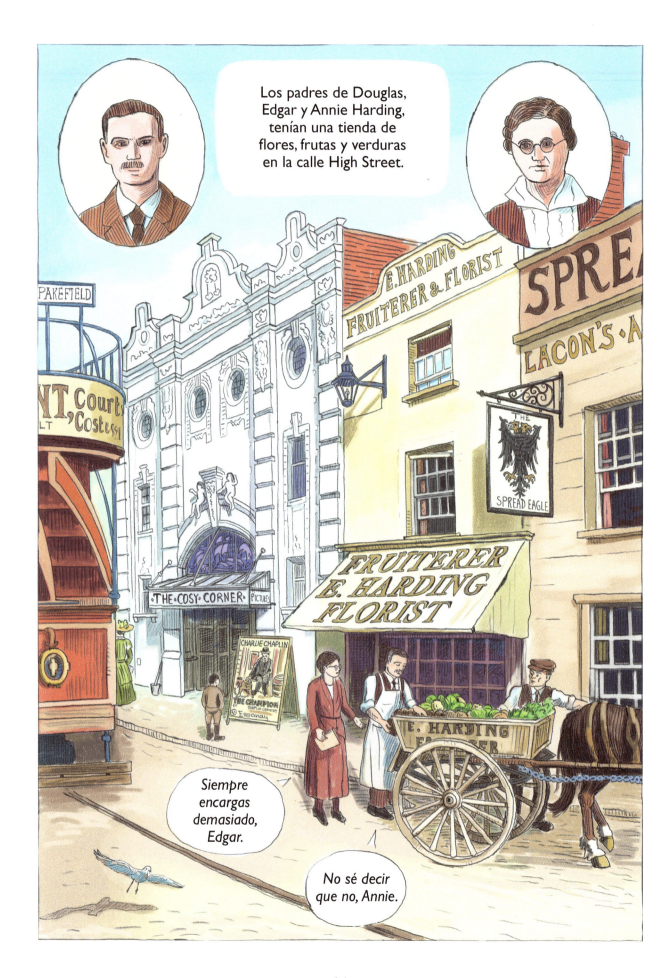

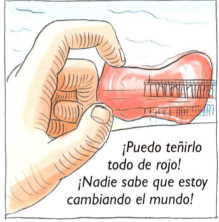

Tras graduarse como arquitecto encontró un puesto en Londres.

—Te pagaré 3£ a la semana.
—De acuerdo, Sr. Low.

Pero su principal interés no era la arquitectura.

¿Quién es esta persona llamada Douglas?
¿Qué soy?
¿Qué es la vida?
¿Por qué existimos?

A la hora del almuerzo solía ir a la biblioteca.

Según la ciencia no soy simplemente humano.

Tengo capas.

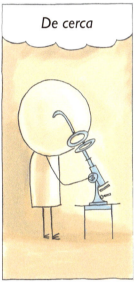

De cerca

soy una sociedad de animales primitivos,

CELL CLUB

una ciudad de células andante.

¿Cómo me relaciono con mis células?

Cada célula vive su vida inconsciente de mí, pero todas ellas trabajando conjuntamente son yo. ¡Soy el rey y los súbditos!

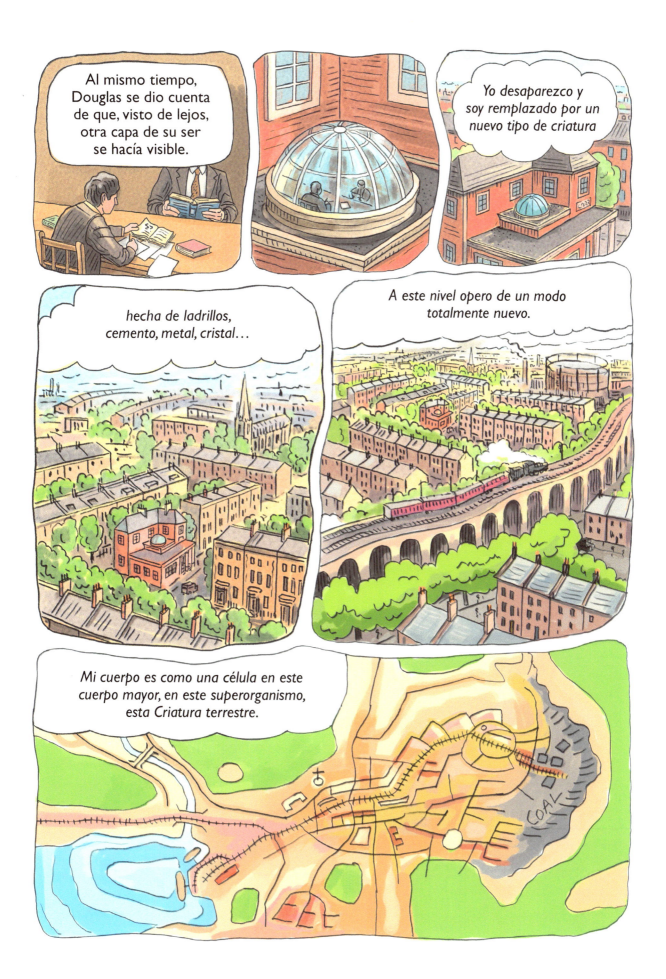

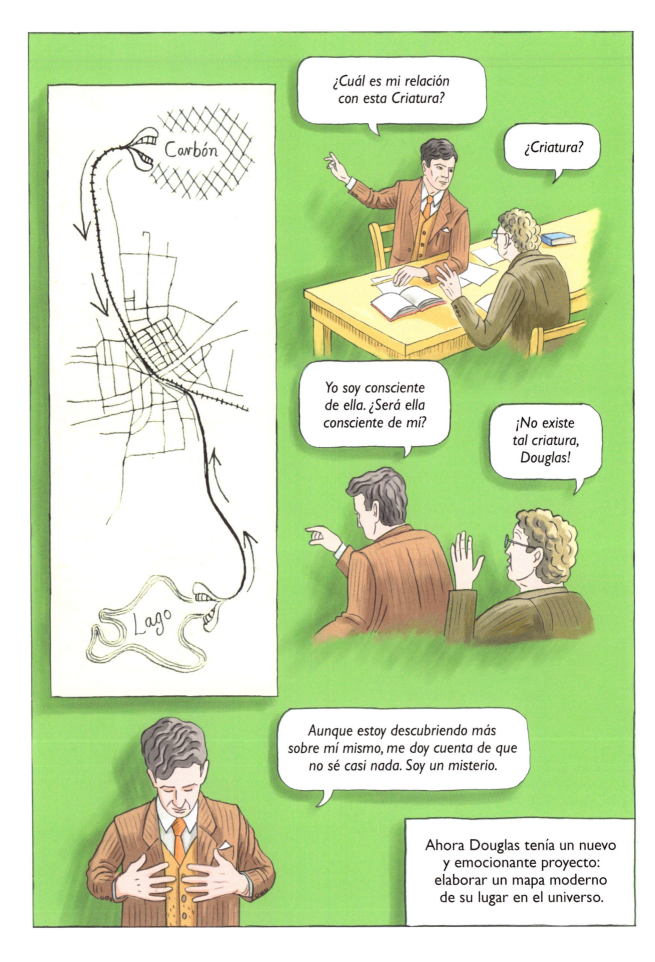

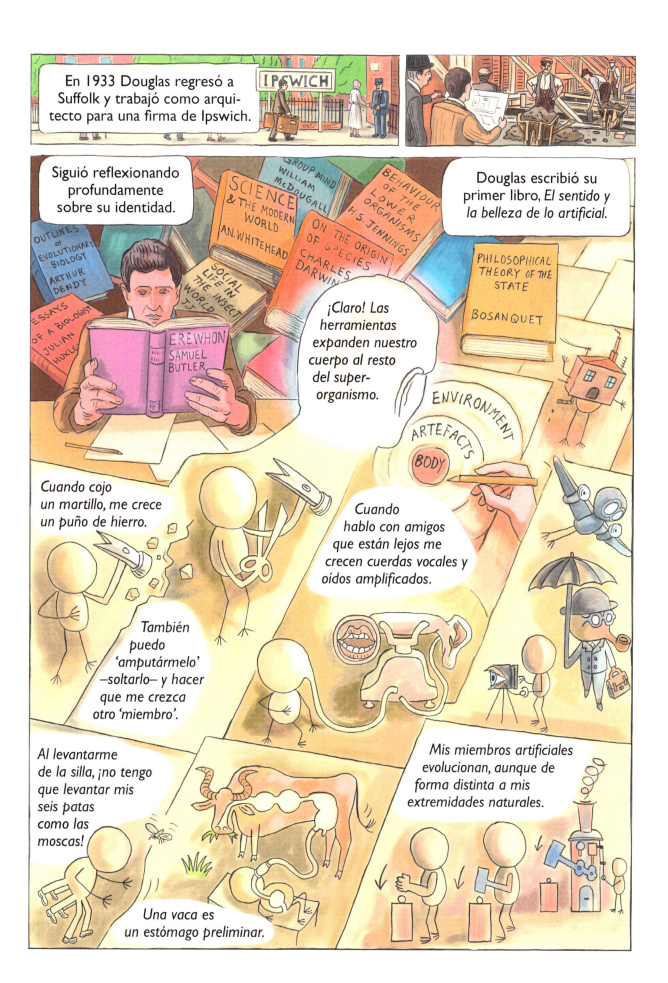

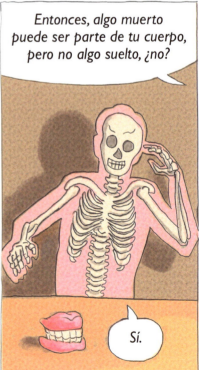

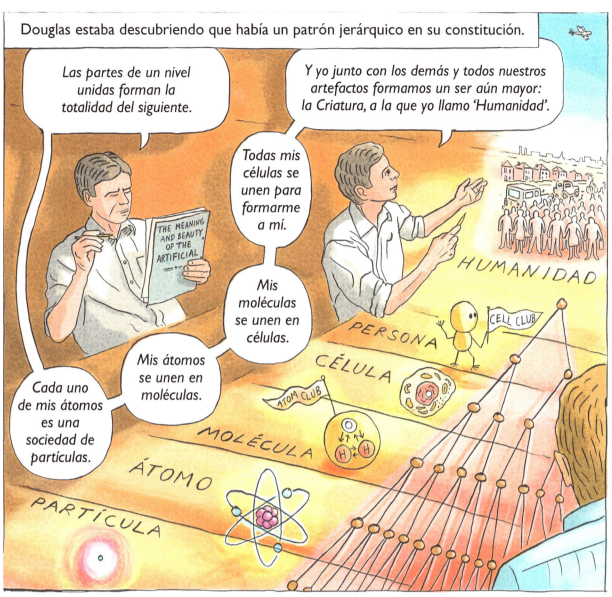

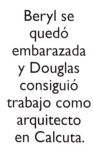

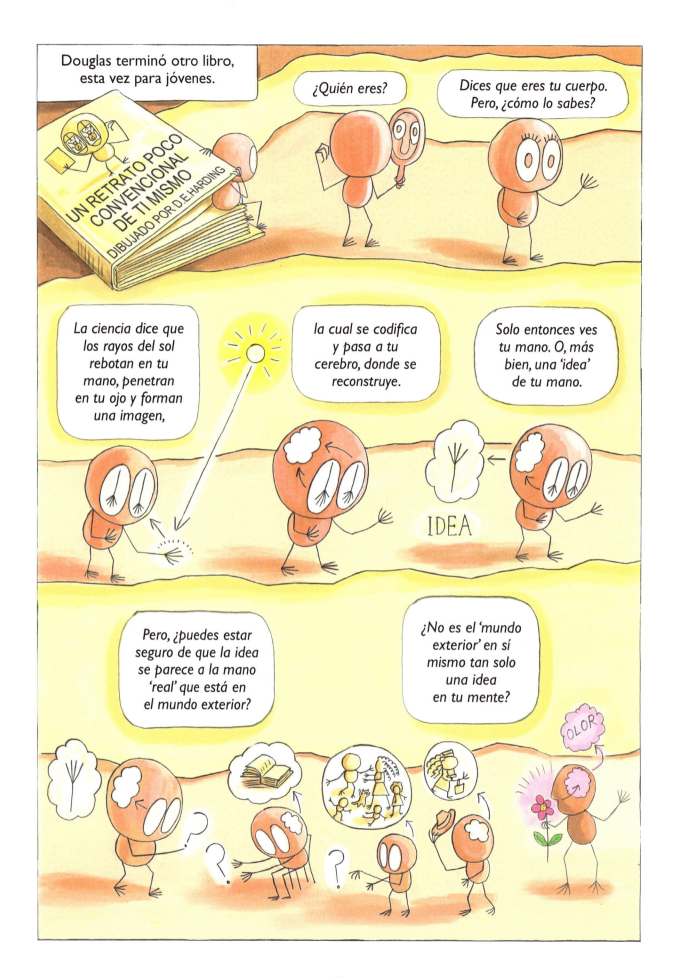

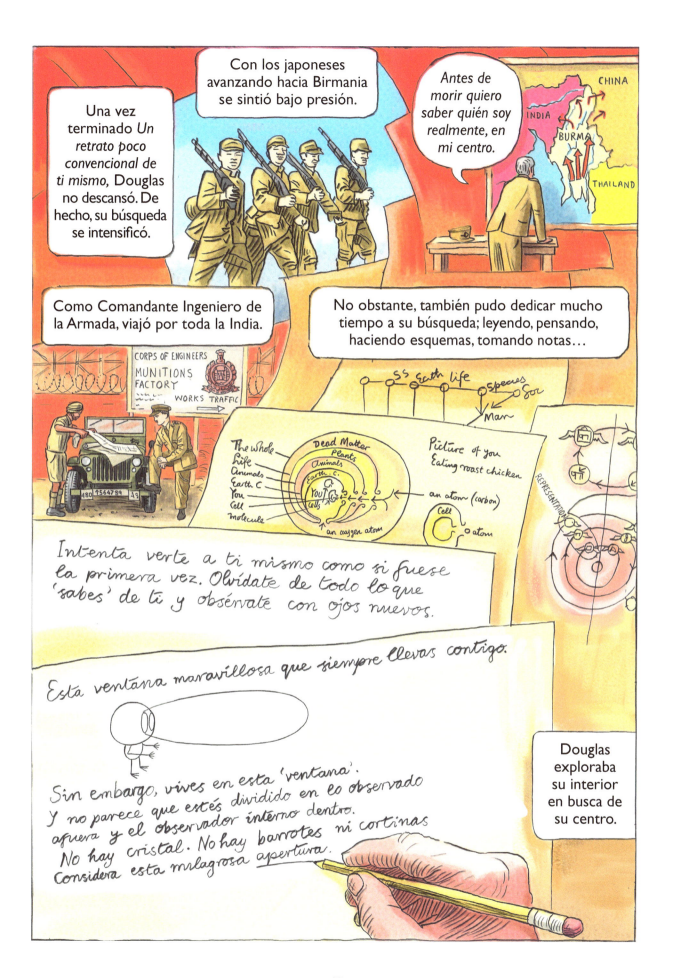

Mi centro parece estar oculto, ser innacesible.

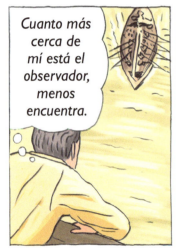

Cuanto más cerca de mí está el observador, menos encuentra.

¿Qué soy a distancia cero?

Tiene sentido que en el centro no sea 'nada',

pero ¿cómo puedo comprobarlo?

Entonces, en 1943, Douglas encontró lo que estaba buscando...

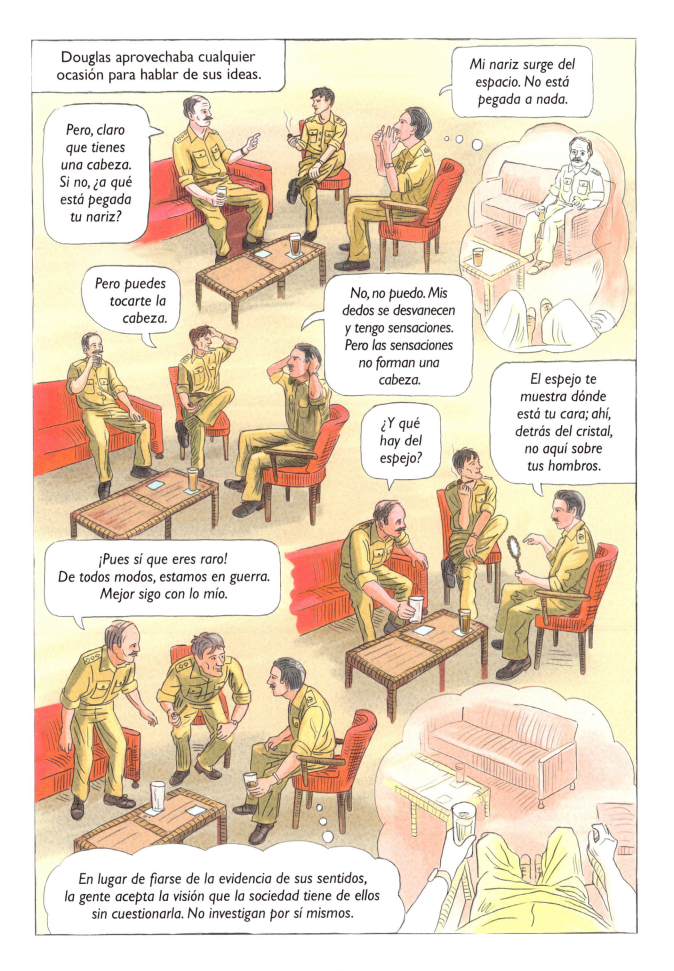

Para mí mismo no soy un hombre, ¡soy un cuerpo sin cabeza con el mundo sobre los hombros!

En el centro de todas mis apariencias se haya esta nada despierta. Es obvia y autoevidente, pero la pasamos por alto y la ignoramos.

Todas estas capas —cómo me ven los demás— son apariencias de mi nada central, de mi "yo". ¡Soy nada, todo, y todo lo que hay entre medias!

Es un mapa radicalmente nuevo de mi identidad.

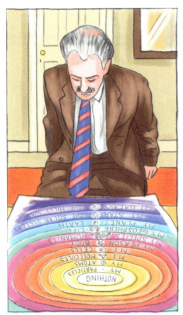

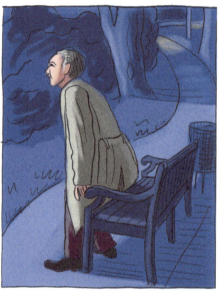

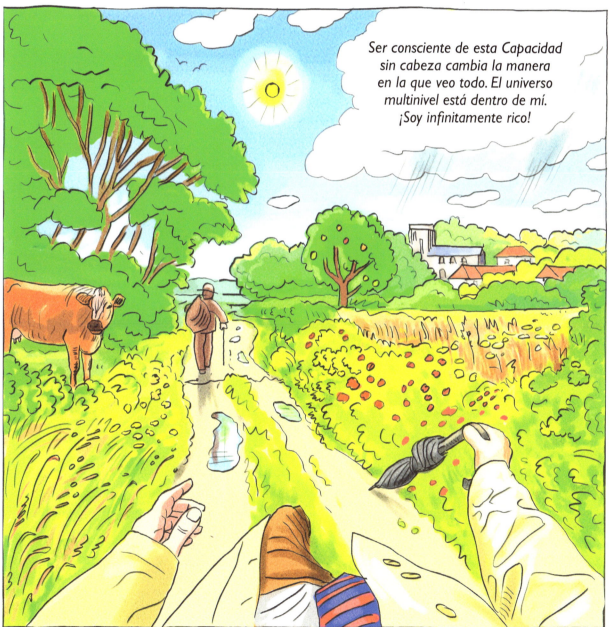

Ser consciente de esta Capacidad sin cabeza cambia la manera en la que veo todo. El universo multinivel está dentro de mí. ¡Soy infinitamente rico!

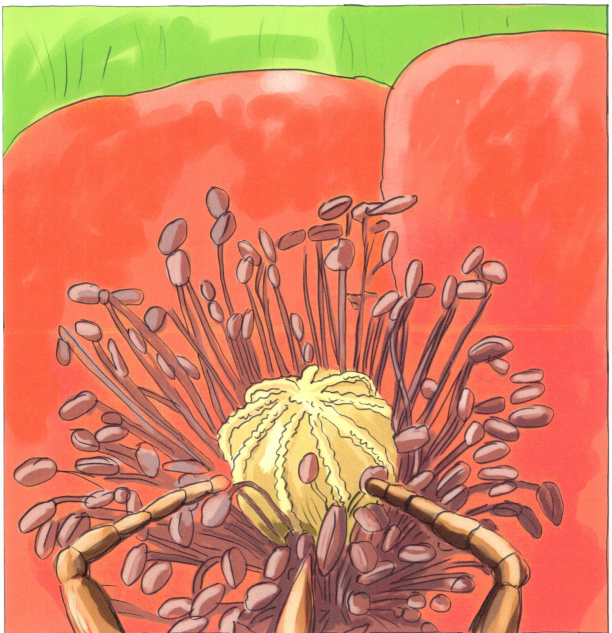

Al no encontrar límites en mí, puedo identificarme con los demás.

Al colocarme en sus centros me convierto en otros, siento por y como ellos.

También puedo sentir los objetos inanimados.

Siento la tensión de la cuerda.

Floto en las nubes,

brillo como el sol,

miro desde las estrellas.

Ser nada en el centro significa que puedo situarme en otros centros.

Esta capacidad para intercambiar centros es la base del amor.

Los diagramas eran parte esencial de la forma de pensar de Douglas.

Aunque escribir *La Jerarquía* supuso una profunda experiencia mística para Douglas, hizo falta algún tiempo para que sus ideas influyesen en su personalidad.

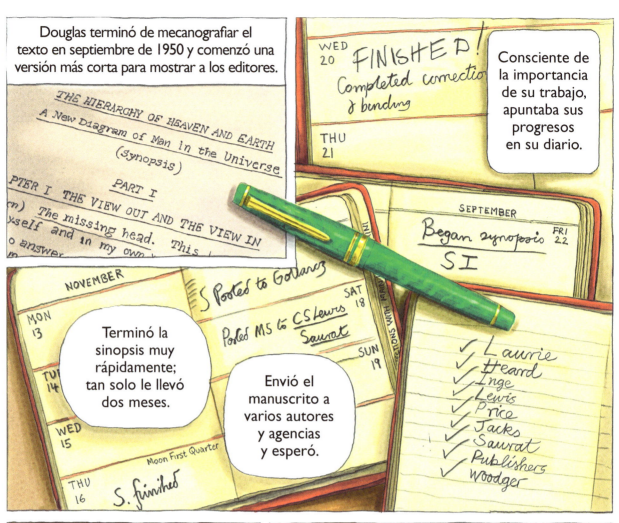

Junto a Eric Sandon, Douglas pronto volvió a tener éxito en la arquitectura.

Diseñó y construyó una casa, Shollond Hill, ubicada en Nacton, una localidad cercana a Ipswich.

1956

Es muy moderna, papá.

Entretanto, Douglas continuó con el trabajo de su vida; escribió una obra de teatro con algunas de las ideas de *La Jerarquía del Cielo y la Tierra*.

Dioses visibles es una conversación imaginaria entre Sócrates y varios pensadores modernos.

Estáis de acuerdo en que el universo es un todo viviente con muchas capas, que las estrellas son 'dioses visibles'.

Tergiversas nuestras palabras, Sócrates.

Tan solo he llevado vuestro argumento hasta su conclusión.

¡El universo no está vivo! Solo pequeñas partes lo están.

Obispo, ahora estamos solos. ¿Qué piensas de verdad?

Querido Sócrates, nos muestras el universo vivo con nuestra propia ciencia, pero nos negamos a aceptarlo.

Sabemos que el universo está muerto y quien diga lo contrario es un poeta o un loco.

Adelantada a su tiempo, la concepción del mundo de Douglas solía ser ignorada.

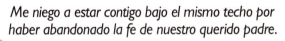

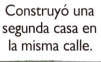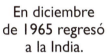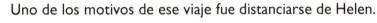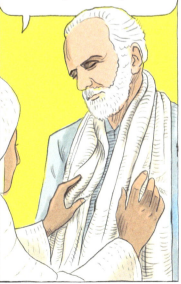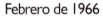

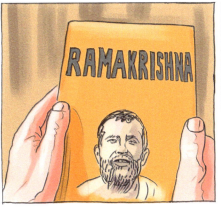

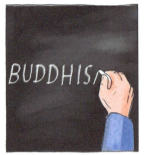

Douglas daba clases de religión comparada una vez a la semana.

¡Te apasionan todas las religiones!

Todas celebran la Realidad de forma única.

El Buda le dio importantes consejos al monje Ananda.

Sé tu propia autoridad. No dependas de los demás.

¡Descubrir por ti mismo lo que eres es más importante que fiarte de cualquier texto o maestro!

¿No es usted Douglas Harding?

Sí. Estoy leyendo sobre el zen para mi libro sobre las religiones.

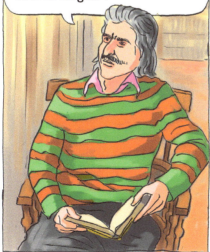

El zen apunta a la Iluminación usando koans, acertijos que parecen no tener sentido como: "Habla sin usar la lengua".

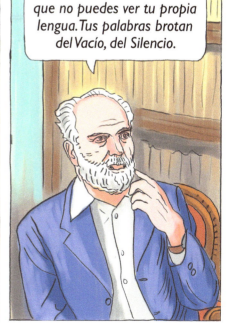

¡Observa! Date cuenta de que no puedes ver tu propia lengua. Tus palabras brotan del Vacío, del Silencio.

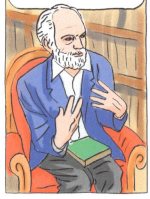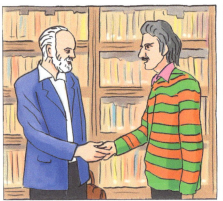

Tú eres el alma de mi alma.
Solomon ibn Gabirol

Aunque el judaísmo pone a Dios 'ahí fuera', ordenando a su pueblo obrar con justicia, también le sitúa 'aquí dentro'.

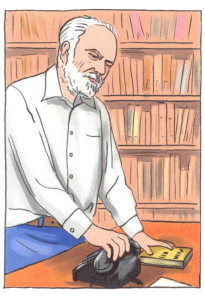

Soy Harding. ¿Podría hablar con mi editor?

¿Que no está? Ya he llamado varias veces.

¿Que llame otra vez mañana?...

¡Es frustrante!

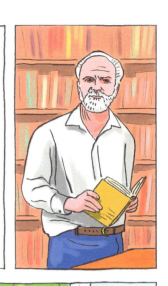

Los demás tienen autoridad sobre ti solo si tu voluntad es distinta a la de Dios.

Rabbi Nachman

Cuando las cosas no salen como quiero me siento impotente, a merced de los demás. La vida parece injusta.

Pero no hablar con mi editor debe ser lo que Dios considera justo y adecuado para mí. No es lo que **yo** quiero sino lo que **el Uno** quiere.

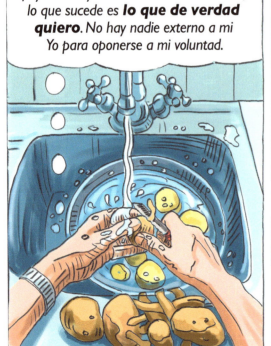

No obstante aquí soy el Uno, así que todo fluye de mí y es mi voluntad. Por lo tanto, lo que sucede es **lo que de verdad quiero**. No hay nadie externo a mi Yo para oponerse a mi voluntad.

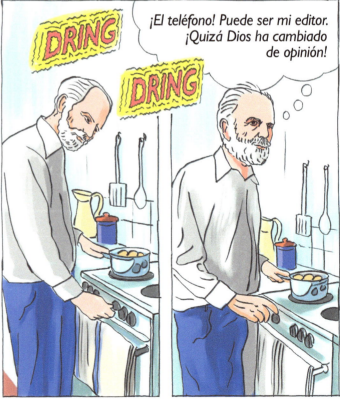

¡El teléfono! Puede ser mi editor. ¡Quizá Dios ha cambiado de opinión!

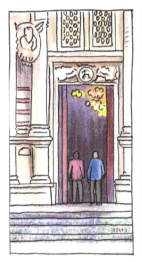

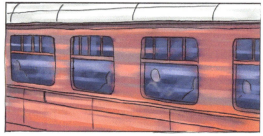

Al igual que Rumi, yo estoy quieto y el mundo danza en mí.

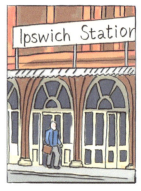

Decirle "sí" a esta Apertura es rendirse a la Realidad.

Ver que estoy vacío para mí mismo es ver que soy reemplazado por Dios.

No tengo existencia alguna aparte de Dios. Solo Dios es consciente. Solo Dios es.

Las religiones del mundo se publicó en 1966 y se utilizó en las escuelas.

He leído tu nuevo libro. Al final reconcilias ciencia y religión.

Lo que la ciencia dice sobre mí mismo —cuerpo y mente, a todos los niveles— es una revelación religiosa.

Al estar aquí, en tu centro físico, estás también en el mismísimo corazón de toda religión.

Cada religión destaca un aspecto importante de la Realidad, de tu Realidad.

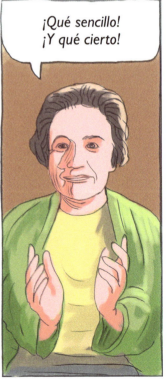

Escuela Budista de Verano

¡Qué distinto a todos aquellos años en soledad!

Douglas cada vez tenía más amigos y daba más charlas.

Nottingham

Doncaster

Bristol

En York, Douglas conoció a Mike Heron, de la Incredible String Band.

¡Bienvenido!

¡Es cierto!

¡En este sótano hay un hombre sin cabeza!

¿Por qué titulas Douglas **Traherne** Harding a tu canción?

Porque he usado algunos textos de Traherne en la letra.

THOMAS TRAHERNE
1637-1674

CENTURIES

Para Mike con amor, Papá

Douglas, vamos a tocar en el Albert Hall. No faltes, por favor.

Ahí estaré.

29 de junio de 1968

Cuando nací no tenía cabeza.

Mi ojo era uno y mi cuerpo estaba lleno de luz.

Y la luz que yo era, era la luz que veía.

Querido Douglas,
Al terminar los conciertos siempre conozco a personas luminosas que te han escuchado o han leído con pasión tu hermoso libro. Me recuerdan el cariño afectuoso que siento por ti.
Con amor,
Mike Heron

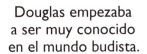

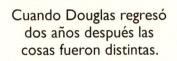

1971. Douglas visitó Norte América con un joven amigo.

*Colin, tenemos un taller de fin de semana en Toronto. En lugar de limitarnos a **hablar** deberíamos **hacer cosas** con ellos.*

Bienvenido a El Experimento Claremont.

¿Tienen que traer algo los participantes del taller?

Un chal o una toalla.

¡Colin os dará a conocer el 'toallismo'!

Poned la toalla así.

¿Enmarca vuestro rostro o el mundo?

¡Es como un túnel!

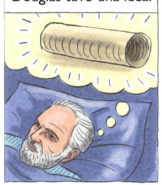
Durante la noche, Douglas tuvo una idea.

Cortaré la base de esta bolsa de basura.

Colin, despierta.

Con esto es obvio que estamos cara-a-No-cara.

¡Es infalible! Yo soy tú.

Ahora Douglas no se limitaba a hablar, sino que también proponía 'experimentos'.

De vuelta en Inglaterra.

Para mí y para Carol intercambiar caras es la base del amor.

Sí. Ahora yo desaparezco en favor de Anne.

Viendo la efectividad de los experimentos, el estilo de sus presentaciones cambió rápidamente.

*No se trata tan solo de pensar en tu Verdadero Yo, sino de **experimentarlo**.*

Apunta hacia fuera: ves cosas.

Apunta hacia dentro: ¡no ves nada!

Apunta en ambas direcciones: Este espacio no está simplemente vacío; también está lleno.

Así estás viendo a través de dos agujeros.

Si te los pones, ahora ves a través de un único agujero: ¡tu Ojo Único ilimitado!

Da vueltas. ¿Te mueves tú o se mueve el mundo?

Con los ojos cerrados, ¿qué tamaño tienes?, ¿qué forma?, ¿qué edad?

¿Dónde está tu cara, sobre tus hombros o en el espejo?

¡Gracias a Dios que no soy así!

El tiempo y lo atemporal

Ahí, las manecillas marcan el paso del tiempo. El tiempo y el cambio se dan a la vez.

Aquí no hay movimiento, no hay cambio, no hay tiempo. Vemos el tiempo desde lo Atemporal.

Douglas también creó experimentos para grupos.

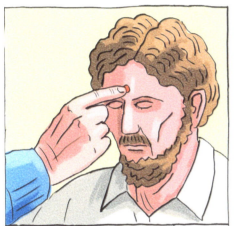

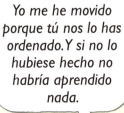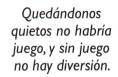

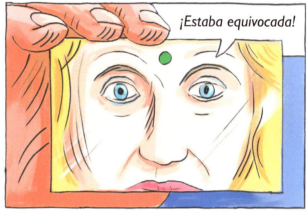

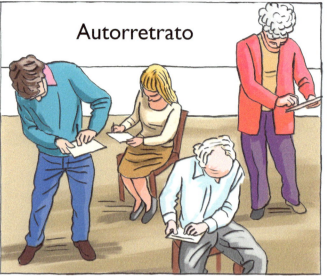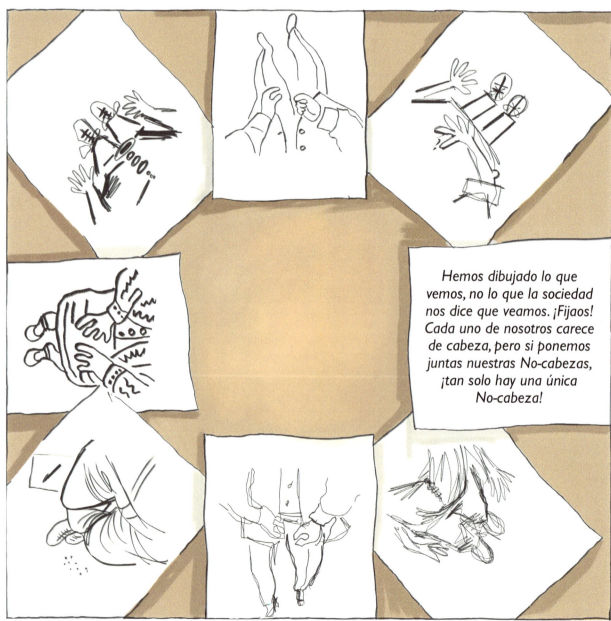

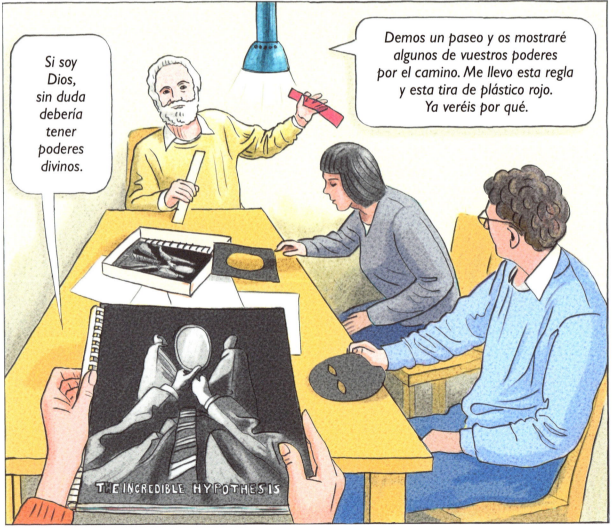

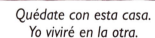

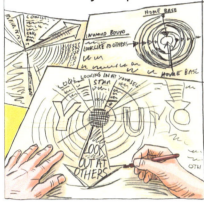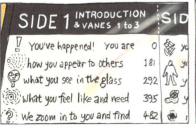

¿Por qué se interesa el Director de Educación de EE. UU. por El Explorador del Tuniverso?

Hal se da cuenta de que es un modelo muy necesario que aúna todo el conocimiento global.

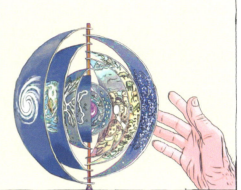

Sitúa todas las materias que se dan en la escuela en un todo orgánico.

Y no solo eso; cada capa es una capa de ti mismo, una apariencia de tu propio Centro.

Es difícil que nos interese una materia si no nos es relevante.

Pero con esto los estudiantes pueden ver de un solo vistazo que todas las materias son relevantes, porque son capas de ellos mismos.

La biología, la física y la química estudian las capas más cercanas de uno mismo;

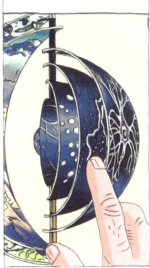

la historia, la política o la literatura las capas centrales;

y la geología, la geografía, o la astronomía las capas externas.

Ahora un alumno puede decir: "¡La escuela trata de mí!".

¡Toda escuela debería tener uno!

Douglas escribió un relato, una odisea a través de las capas del Tuniverso. (G. N. Idrah es Harding al revés).

Soy Tulises. En el silencio eterno, escucho por primera vez un sonido, una canción. Quiero descubrir quién es aquel que la canta.

Al principio, parece que el sonido proviene de esta galaxia.

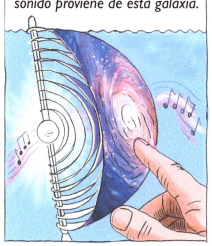

De pronto aparece el Gusano-lobo y empieza a perseguirme.

Escapo saltando de lleno en la galaxia, y ahí descubro una estrella. ¿Será ella la que canta?

Pero el Gusano-lobo no deja de acecharme.

Me zambullo en la estrella tratando de escapar y descubro un planeta, la Tierra. ¡Debe ser ella la que canta! Querría descansar aquí, pero no puedo, pues el Gusano-lobo me sigue los pasos.

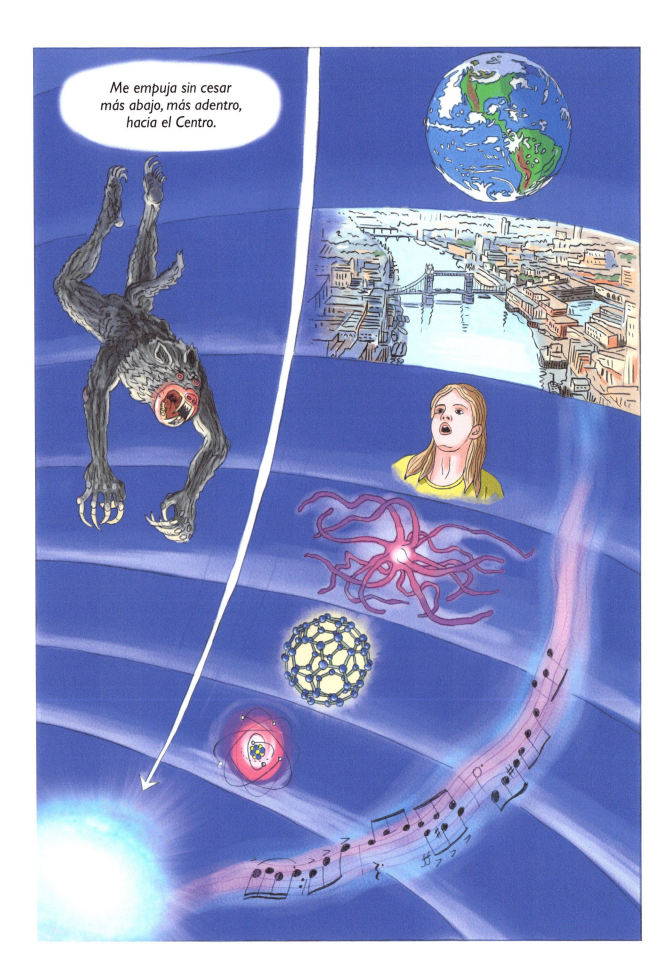

Perseguido hasta el Centro, me convierto en nada.

Por fin descubro de dónde proviene esa canción.

¡Del Vacío! ¡Del Silencio!

Y al girarme para mirar hacia fuera, ¡descubro que todo surge de aquí!

En realidad, el Gusano-lobo es mi aliado por no haberme abandonado hasta llegar al Centro.

Él es las dificultades de la vida que me empujan una y otra vez hacia mi Hogar, hacia mi Verdadero Yo.

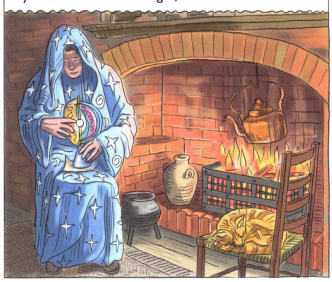

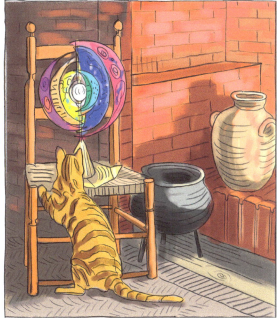

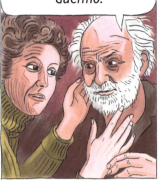

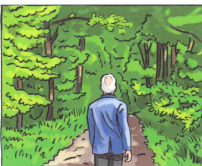

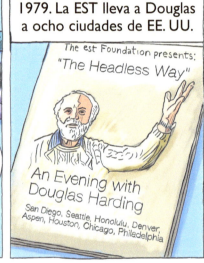
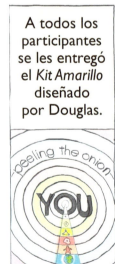

Las etapas de la Vía

Mi libro Vivir sin cabeza se va a reeditar. Voy a añadir una nueva sección.

Los beneficios del Ver pueden ser obvios por un tiempo.

Pero puede que tras años de práctica comprendas que te estás aferrando como nunca a tu yo separado.

¿Habrá sido falso todo mi progreso?

Has llegado a la Frontera; la resistencia del ego al Ser.

Desalentado, puede que abandones el Ver...

o que te adentres en la Noche Oscura.

Atravesar la Oscuridad implica renunciar a tu voluntad personal.

Al abandonar tu yo separado,

renaces cada día en el Centro como el YO SOY divino.

La entrega profunda de tu voluntad personal te lleva a un punto de inflexión.

Ahora, aceptar **pasivamente** el momento presente implica también desearlo **activamente**.

Ahora le dices "sí" incondicionalmente a lo que sea que ocurra.

Profunda Declaración de Intenciones: Mi deseo es que todo sea tal y como es, pues todo fluye desde mi Verdadera Naturaleza.

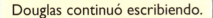

Douglas escribió una trama judicial.

27 testigos han confirmado que usted es humano, no divino.

Eso es porque me miráis **a mí**.

Se le acusa del delito capital de blasfemia.

Todos en el tribunal podemos ver que es un hombre.

Si os miráseis a **vosotros mismos** veríais lo mismo que yo.

Ni soy un hombre ni estoy en esta sala, sino que la sala está en mí, en esta Consciencia Una que ilumina el mundo.

Yo soy esa Luz. No una mera chispa, sino el mismísimo Horno abrasador, único y eterno.

¡Cuéntele todo eso al verdugo, blasfemo!

El jurado se retira a deliberar.

Haced lo que queráis conmigo. Viviré desde lo que veo que hay aquí, no desde lo que vosotros digáis que hay. Y le hablaré a todo el mundo de ello.

D. E. HARDING

EL JUICIO DEL HOMBRE QUE DECÍA SER DIOS

Este libro es tan sugestivo que alegra el corazón.

Father Gerard Hughes

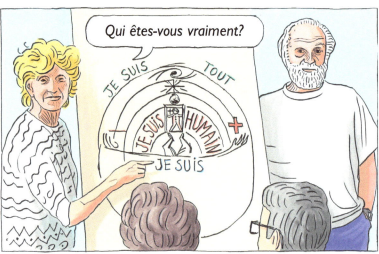

Catherine y Douglas viajaron y dieron muchos talleres juntos. América, Israel, Japón, Francia... Se casaron en febrero de 1995.

Encontrar a Catherine ha supuesto una gran diferencia en tu vida, Douglas.

No siempre estamos de dacuerdo.

Sí. Para vivir con más plenitud hace falta compañía. Aprendo continuamente de ella.

Catherine tiene su propio punto de vista. Pero este debate, este intercambio, es bueno para ambos.

Si Douglas me irrita, regreso aquí y soy espacio para él. Así, mi irritación se disuelve y no hay ningún problema real.

Con el amor de Catherine, Douglas abrió aún más su corazón.

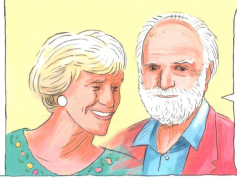

La llegada de Catherine a mi vida ha sido un regalo del cielo, un milagro.

Caminamos mano a mano en la misma dirección.

Tanto hacia fuera, hacia el mundo como hacia dentro, hacia la Fuente.

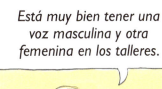

Está muy bien tener una voz masculina y otra femenina en los talleres.

¡Yo predico, Catherine cautiva!

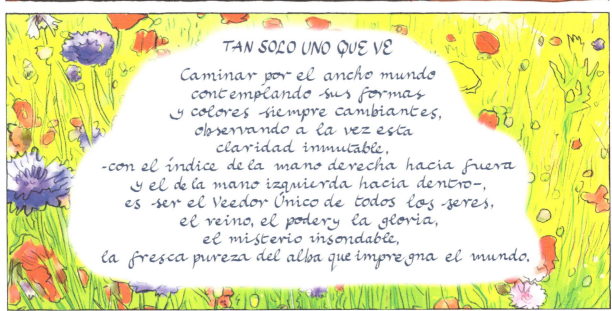

El misterio insondable, la fresca pureza del alba que impregna el mundo.

Sobre la creación de este libro

En 2012 hice un vídeo sobre la vida y las ideas de Douglas Harding que publiqué en YouTube. Victor Lunn-Rockliffe, un artista con el que ya había mantenido correspondencia durante varios años, lo vio y sugirió que la vida de Douglas se prestaría muy bien para hacer una biografía gráfica. Intercambiamos algunos correos electrónicos explorando esta posibilidad. Por aquel entonces yo ni siquiera sabía lo que era una biografía gráfica —por lo que, obviamente, nunca se me había ocurrido hacer una—, pero me pareció una idea muy interesante y atractiva, así que acepté.

Mi tarea en este proyecto ha consistido en escribir el guión. En un primer momento, le enviaba a Victor por email las ideas que tenía para cada página. Después él hacía un primer boceto rápido, seguido de un dibujo más detallado y, finalmente, la versión a todo color. Ha sido fascinante ver cómo se iba materializando cada página, ¡cómo iban apareciendo mágicamente de la nada! Hemos llevado a cabo todo el proceso a través de internet. De hecho, no conocí a Victor en persona hasta el verano del 2015. Antes de eso, ¡ni tan siquiera habíamos hablado por teléfono! Todo lo que puedo decir en nuestra defensa es que vivimos en diferentes partes del mundo; yo vivo en la zona noreste de Londres y Victor en la zona oeste...

Para la elaboración del guión he investigado a fondo la vida de Douglas, extrayendo información no solo de las muchas conversaciones que tuve con él durante nuestros 35 años de amistad, sino también de entrevistas que él mismo concedió y de otras conversaciones con amigos que le conocieron. También conservo en mi poder muchos de sus escritos, cartas, diarios y cuadernos, así como muchas fotografías tanto suyas como de otras personas que formaron parte de su vida y de los lugares en los que vivió. Nos hemos basado en todos estos recursos para crear un retrato tan fiel como nos ha sido posible de la vida de Douglas y del desarrollo de sus ideas.

En nombre de Victor y en el mío propio me gustaría dar las gracias a los muchos amigos que han leído y releído los distintos borradores de este trabajo y que nos han aportado tantos y tan inspiradores comentarios.

En 1996 fundé la Shollond Trust, una organización benéfica de Reino Unido cuyo objetivo es ayudar a difundir la filosofía de Douglas Harding y contribuir a que sus ideas estén disponibles ampliamente. Hay muchos recursos sobre la «Vía sin cabeza» disponibles en la página web de la fundación: www.headless.org

Richard Lang

Libros de Douglas Harding

La gran mayoría de los libros de este listado están disponibles en la página web de The Shollond Trust (headless.org).

Short Stories
The Meaning and Beauty of the Artificial
How Briggs Died
The Melwold Mystery
An Unconventional Portrait of Yourself
The Hierarchy of Heaven and Earth (La Jerarquía del Cielo y la Tierra)
Visible Gods
On Having No Head (Vivir sin cabeza)
Religions of the World
The Face Game
The Science of the 1st Person
The Hidden Gospel
Journey to the Centre of the Youniverse
The Little Book of Life and Death (El pequeño libro de la vida y la muerte)
Head Off Stress
The Trial of the Man Who Said He was God
Look For Yourself
The Spectre in the Lake
To Be And Not To Be
The Turning Point
Just One Who Sees
As I See It

Otras publicaciones

Face to No-Face (David Lang)
Seeing Who You Really Are (Ver lo que realmente somos) (Richard Lang)
Open to the Source (Richard Lang)
A Flower in the Desert (David Lang)
The Light that I am (J.C. Amberchele)
Celebrating Who We Are (Celebrando lo que somos) (Richard Lang)
Incredible Countries (Colin Oliver)
The Freedom to Love (Karin Visser)
The Youniverse Explorer (hasta agotar existencias)

En la página web también hay disponibles vídeos de Douglas Harding.

Milton Keynes UK
Ingram Content Group UK Ltd.
UKHW050646190524
442785UK00004B/15